BEI GRIN MACHT SICH IHR WISSEN BEZAHLT

- Wir veröffentlichen Ihre Hausarbeit,
  Bachelor- und Masterarbeit

- Ihr eigenes eBook und Buch -
  weltweit in allen wichtigen Shops

- Verdienen Sie an jedem Verkauf

**Jetzt bei www.GRIN.com hochladen
und kostenlos publizieren**

Teodor Kazakov

Elterliche Sorge in England - ein Kurzbericht

GRIN Verlag

Bibliografische Information der Deutschen Nationalbibliothek:

Die Deutsche Bibliothek verzeichnet diese Publikation in der Deutschen National-bibliografie; detaillierte bibliografische Daten sind im Internet über http://dnb.d-nb.de/ abrufbar.

Impressum:

Copyright © 2005 GRIN Verlag GmbH
Druck und Bindung: Books on Demand GmbH, Norderstedt Germany
ISBN: 978-3-640-91749-5

Dieses Buch bei GRIN:

http://www.grin.com/de/e-book/38457/elterliche-sorge-in-england-ein-kurzbericht

GRIN - Your knowledge has value

Der GRIN Verlag publiziert seit 1998 wissenschaftliche Arbeiten von Studenten, Hochschullehrern und anderen Akademikern als eBook und gedrucktes Buch. Die Verlagswebsite www.grin.com ist die ideale Plattform zur Veröffentlichung von Hausarbeiten, Abschlussarbeiten, wissenschaftlichen Aufsätzen, Dissertationen und Fachbüchern.

Besuchen Sie uns im Internet:

http://www.grin.com/

http://www.facebook.com/grincom

http://www.twitter.com/grin_com

Universität Hannover
Institut für Rechtswissenschaften
Seminar: Praxis des Familienrechts
WS 2004/05

Ausarbeitung des Referats:

„ELTERLICHE SORGE IN ENGLAND"

vom   24.11.2004

Teodor Kazakov

Studiengang: Sozialwissenschaften (Diplom)
7 Fachsemester

15.03.2005

Inhaltsverzeichnis

1. Einleitung

Im europäischen Vergleich ist das Familienrecht „stark traditionsgeprägt in dem insgesamt recht unterschiedlichen Rechtssystem"[1]. Durch das allgemeine Grundprinzip der „Demokratie in der Familie"[2], innerhalb der letzten Jahrzehnte wurde die Rechtsposition von Vater und Mutter von gesellschaftsspezifischen Unterschieden befreit. Die Rechte der Kinder gegenüber den Eltern wurden gestärkt.

Im deutschen und im angelsächsischen Rechtskreis war und ist die Rechtsposition der Mutter stärker als die des Vaters. Im romanischen Rechtskreis muss ein nichteheliches Kind durch dem Vater und der Mutter anerkannt werden. Der Vater, hatte dann die stärkere Rechtsposition, „er hatte die *volle elterliche Gewalt*, die Mutter allenfalls die *Personensorge* für das Kind .Vom Vater bekam das Kind seinen Namen und seine Staatsangehörigkeit "[3].

Laut der europäischen Konvention 1975 über den rechtlichen Status nichtehelicher Kinder folgt die Mutterschaft automatisch nach dem Geburt (Art. 2). In Fällen, in denen die Vaterschaft geklärt ist, darf die elterliche Gewalt nicht automatisch dem Vater zugeordnet werden(Art. 7). Die Konvention wurde aber von Luxemburg von den romanischen Ländern nicht ratifiziert. Die Empfehlung über das elterliche Sorgerecht des Europarats von 1984 war jedoch, dass jede Entscheidung in erster Linie dem Kindeswohl entsprechen soll. Darüber hinaus sollte die Gleichstellung beider Elternteile berücksichtigt werden. [4]

Mit dem folgenden Referat stelle ich das Kindschaftsrecht in England vor, wobei die Entwicklung des Kindschaftsrechts und das Recht der elterlichen Sorge in verschiedenen Fällen untersucht werden.

---

[1] Brauns-Hermann, Christa 1997. Ein Kind hat das Recht auf beide Eltern.:205
[2] ebenda
[3] Brauns-Hermann 1997:206
[4] Vgl. Brauns-Hermann 1997:206

2. Hauptteil

2.1. Sorge- und Umgangsrecht in England

Seit den späten achtziger Jahren besteht in England eine öffentliche Besorgnis über den Anstieg der Zerrüttung der Familien und Ehen. Es lassen sich immer mehr Familien scheiden, wobei die Zahl der Väter wächst, die ihren finanziellen Verpflichtungen nicht mehr nachkommen, mit der Folge, dass die Verantwortung danach dem Staat zufällt…:

> „1991 entstand das Kinderunterstützungsgesetz, in dem geregelt ist, dass der Vater, der nicht mit seinem leiblichen Kind zusammenlebt, die finanzielle Verantwortung für dieses Kind trägt. Das Kindschaftsgesetz von 1989 betont die Unterstützung der elterlichen Verantwortung, selbst in den Fällen, in denen das Kind staatlich verwahrt wird. Nach dem Familiengesetz von 1996 soll die vermittelte Übereinkunft zwischen Ehepartnern und Eltern an die Stelle gerichtlicher verfügter Beschlüsse treten. Nach dem Vorstoß zur Novellierung der Scheidungsgesetz 1995 soll die Institution der Ehe unterstützt und das Familienleben geschützt werden. Dabei werden Ehen ohne Trauschein weitgehend ignoriert. Seit den späten achtziger Jahren herrscht in England ein starker Anstieg der »gemeinsamen Sorgerechts-Beschlüsse«: 1985 waren das 13 % mehr als vorher und 1989 sogar 20."[5]

Laut dem Gesetz ist die elterliche Verantwortung als „alle Rechte, Pflichten, Vollmachten, Verantwortungen und Bedürfnisse, die den Kindeseltern bezüglich des Kindes und dessen Eigentum/Vermögen rechtlich zustehen „ definiert.

Die elterliche Verantwortung steht automatisch allen verheirateten Eltern und allen ledigen Müttern zu. Unverheiratete Väter können sie erlangen, in dem sie sich vertraglich mit der Mutter einigen. An dieser Stelle betont Peter Jeffries,

> „dass Eltern weniger über Rechte bezüglich der Kinder verfügen, sondern dass sie vielmehr Verantwortung für die Bedürfnisse und die Erziehung ihrer Kinder haben, wobei das Wohl des Kindes im Vordergrund steht. Bei diesem Konzept der Verantwortlichkeit beschränkt sich die Rolle des Staates auf Hilfe bei der Verantwortung. Die Betonung liegt dabei bei der Nichteinmischung oder auf der erforderlichen Minderintervention. Nach der heutigen Praxis gilt, dass ein Gerichtsbeschluss ein nachweislich positiver Beitrag zum Wohl des Kindes sein muss".[6]

Seit 1996 ist ein neues Familiengesetz in Kraft(The Family Law Act) getreten. Drei Grundsätze sind in diesem Zusammenhang von besonderer Bedeutung:

---

[5] Jeffries, Peter in Brauns-Hermann 1997:213
[6] ebenda

- die Schuldlose Scheidung
- die Förderung der Vermittlung und
- das Kindeswohl.

2.2. Entwicklung des Kindschaftsrechts in England

Die Rechtslage des nichtehelichen Kindes hat im 20. Jahrhundert einen bemerkenswerten Wandel durchgemacht. „Im traditionellen Richterrecht des Common Law wurde das nichteheliche Kind als fillus nullus oder filius populi angesehen. Es besaß keinerlei verwandtschaftliche Beziehungen zu seiner Mutter(!) oder seinem Vater und war dementsprechend weder unterhalts- noch erbberechtigt"[7].

Zwei legislatorische Entwicklungslinien sind im englischen Recht des 20. Jahrhunderts zu verzeichnen, die „zum einen auf die Erweiterung der Kriterien für die Ehelichkeit von Kindern und zum anderen auf die Beseitigung von Diskriminierungen nichtehelicher Kinder abzielten"[8].

Die erste war eine Erweiterung des Personenkreises, der als ehelich anzusehen ist. Nach Common Law mussten eheliche Kinder während der Ehezeit der Eltern empfangen und geboren sein. Einen ähnlichen Status wie der Status ehelicher Kinder gestand das Common Law Kindern zu, die „(1) während der Ehe der Eltern geboren, aber vorher empfangen wurden und die (2) während der Ehe der Eltern empfangen, aber nach Beendigung dieser Ehe geboren wurden. Eine Legitimation von Kindern durch eine der Geburt nachfolgende Eheschließung ihrer Eltern kannte das Common Law nicht"[9].

1926 sah Der Legitimacy Act die Legitimation durch nachfolgende Eheschließung vor, sofern der Vater in England domiziliert war und beide Eltern zur Zeit der Geburt des Kindes nicht mehr mit Dritten verheiratet waren. Durch dieses Gesetz wurde zwar der Kreis der ehelichen Kinder erweitert; ausgeschlossen blieben aber solche Kinder, die im Hinblick auf einen Elternteil oder beide aus einem Ehebruch hervorgegangen waren. Diese Einschränkung der Legitimation wurde durch den Legitimacy Act 1959 beseitigt.[10]

Durch gesetzgeberische Aktivitäten wurden einzelne Diskriminierungen des nichtehelichen Kindes beseitigt. Ein Beispiel dazu ist das Erbrecht – der Fatal Accidents Act 1976 gewährt

---

[7] Ellger, Reinhard. Englisches Kindschaftsrecht. 1995:1
[8] Ellger 1995:2
[9] ebenda
[10] Vgl. Ellger 1995:3

nichtehelichen Kindern bei Tötung des Unterhaltsberechtigten dieselben Ansprüche gegen den Unfallverursacher wie ehelichen Kindern.

Bis zum Inkrafttreten des Children Act 1989

„war das Kindschaftsrecht in seinen vielfältigen Aspekten in einer ganzen Anzahl verschiedener Gesetze geregelt[…]. Die in diesen Gesetzen erhaltenen prozessualen und materiellrechtlichen Vorschriften führen auf weiten Gebieten des Kindschaftsrechts, etwa im Unterhaltsrecht, zu einer Benachteiligung der nichtehelichen Kinder im Vergleich mit den ehelichen. Es war Ziel des Family Law Act 1987, solche Diskriminierungen weitestgehend aufzuheben. Der englische Gesetzgeber hat sich aus diesem Grund entschlossen, das Kindschaftsrecht auf eine neue gesetzliche Grundlage zu stellen und wesentliche Aspekte für eheliche und nichteheliche Kinder gleich zu regeln[…]"[11].

Dies geschieht im Children Act, der am 16.11.1989 den Royal Assent erhielt, mit seinen wesentlichen Vorschriften am 14.10.1991 und am 1.2.1992 in Kraft getreten ist. Dadurch wird erstmals das private und öffentliche Kindschaftsrecht in einem Gesetz zusammengeführt, mit dem Ziel, eine weitere Zersplitterung des Familienrechts zu vermeiden. Für den Bereich des Sorgerechts wird der einheitliche Begriff der „elterlichen Verantwortung" eingeführt und dadurch klargestellt, dass Eltern gegenüber ihren Kindern primär Pflichten zukommen und keine Rechte.

3. Das Recht der elterlichen Sorge

3.1. Inhalt der „elterlichen Verantwortung"

Die sehr allgemein gehaltene Definition (s. S.3) der elterlichen Verantwortung Gemäß Section 3 Children Act im Gesetz wird folgend konkretisiert: „Zur elterlichen Verantwortung zählt die Erziehung und gerichtliche Vertretung des Kindes, die Vermögenssorge, die Zustimmung zur Eheschließung und zur medizinischen Heilbehandlungen, die Wahl der Religionszugehörigkeit, das Recht auf Umgang, sowie die Pflicht zur Unterhaltsleistung an das Kind."[12]

---

[11] ebenda :5
[12] Menne, Nikola. Die Rechtsbeziehung zwischen Vater und Kind. 1995: 198

3.2. Sorgerecht für Kinder verheirateter Eltern

Die begriffliche Unterscheidung zwischen ehelichen und unehelichen Kindern wurde abgeschafft. Die Tatsache, ob die Eltern eines Kindes verheiratet sind oder zu irgendeinem Zeitpunkt verheiratet waren ist nur dann zu beachten, wenn es ausdrücklich im Gesetz vorgesehen ist. Gerade beim Sorgerecht werden Kinder verheirateter Eltern und jene nicht verheirateter Eltern weiterhin verschieden behandelt.

Hinsichtlich der Abstammung des Kindes gilt im englischen Recht folgendes: Mutter ist immer jene Frau, die es geboren hat. Sind die Eltern zum Zeitpunkt der Geburt verheiratet, gilt der Ehemann der Mutter als Vater des Kindes. Die Vermutung betrifft auch jene Fälle, in denen das Kind innerhalb von 9 Monaten nach einer Scheidung geboren wird und kann bei Vorliegen des Beweises, dass die Nicht-Vaterschaft wahrscheinlicher ist, widerlegt werden. [13]

a)Sorgerecht während aufrechter Ehe

Sind die Eltern zum Zeitpunkt der Geburt des Kindes verheiratet oder nachträglich geheiratet haben, tragen sie beide die elterliche Verantwortung für das Kind gemeinsam. [14]

b) Sorgerecht nach Scheidung

Seit dem Children Act bleibt die elterliche Verantwortung bei einer Scheidung grundsätzlich unverändert bestehen. Es ergibt sich aus dem „no order principle" auch für den Fall der Scheidung, dass der Autonomie der Familie Vorrang zukommt und die elterliche Verantwortung daher nicht gestört werden soll. Ziel dieser Regelungen ist es, eine gemeinsame Erziehung durch die beiden Elternteile zu erreichen.

In eine etwas andere Richtung geht der Family Law Act, „der von den Eltern anlässlich der Scheidung eine »Vorkehrungen für die Zukunft« verlangt. Inhalt dieser Erklärung sind einerseits Regelungen zwischen den Ehegatten selbst, vor allem finanzieller Natur, und andererseits Angaben hinsichtlich der Situation der Kinder, wenn diese noch nicht 16 Jahre alt sind"[15].

---

[13] Vgl. Menne 1995:198
[14] Vgl. Menne 1995:199
[15] Vgl. Menne 1995:199

In der Praxis gibt es dazu ein vorgedrucktes Formular, das sogenannte „statement of arrangements for children". Dieses Formular muss vom Scheidungskläger ausgefüllt und bei Gericht eingebracht werden. Wenn der andere Elternteil den Angaben zustimmt, hat auch er das Formular zu unterschreiben. Fehlt das Einverständnis zwischen den Eltern, kann der beklagte Elternteil während des Scheidungsverfahrens seine eigenen Vorstellungen hinsichtlich der Kinder äußern.

Anlässlich dieser Erklärung hat das Gericht anhand bestimmter Kriterien zu entscheiden, ob es von seinen Befugnissen nach dem Children Act Gebrauch machen soll. Zu diesen Befugnissen zählt die Erlassung eines sogenannten „ section 8 order". [16]

c) Sorgerecht nach Trennung

Ehegatten können in England auch einen Antrag auf gerichtliche Trennung („judical separation") stellen. Dafür sind (1)das Eingeständnis der unheilbaren Zerrüttung der Ehe, (2) die Teilnahme an einem Informationstreffen und (3)eine Vereinbarung über die künftige Situation zwischen den Ehegatten und auch hinsichtlich der Kinder als Voraussetzungen notwendig.

Durch den gerichtlichen Trennungsbeschluss werden die Ehegatten befreit, von der Verpflichtung, zusammenzuleben. Das elterliche Sorgerecht beilebt bestehen. [17]

3.3. Sorgerecht für Kinder nicht miteinander verheirateter Eltern

Nach englischem Recht wird ein mit der Mutter nicht verheirateter Mann, erst dann als Vater des Kindes angesehen, wenn er im Geburtsregister eingetragen ist. Die Eintragung kann entweder durch eine gemeinsame Erklärung mit der Mutter erfolgen, oder durch eine gerichtliche Entscheidung, die dem Vater das Sorgerecht überträgt, oder in dem Fall, dass er Unterhalt dem Kind leistet. Auch bei Vorliegen eines Aufenthaltsbeschlusses zugunsten des in Frage stehenden Mannes, kann dieser als Vater im Register eingetragen werden. [18]

---

[16] Vgl. Menne 1995: 200
[17] Vgl. Menne 1995: 201
[18] Vgl. Menne 1995: 202

a) Alleinsorge der Mutter

Die Mutter trägt die elterliche Verantwortung allein, wenn die Eltern nicht verheiratet sind. Dem Vater steht das Sorgerecht also nicht automatisch mit der Geburt des Kindes zu, er kann es aber auf mehrfache Weise erwerben. [19]

b) Gemeinsames Sorgerecht

Der Vater hat im englischen Recht insgesamt drei Möglichkeiten, elterliche Verantwortung für sein Kind zu erlangen.

- „Er kann mit der Mutter eine Vereinbarung über ein gemeinsames Sorgerecht schließen. Diese Vereinbarung muss unter Einhaltung bestimmter Formvorschriften erfolgen und gerichtlich registriert werden[…].

- Kann sich der Vater mit der Mutter über ein gemeinsames Sorgerecht nicht einigen, bleibt ihm nur der Weg über einen gerichtlichen Antrag. Dabei wird der Vater die Erlassung eines Sorgerechtbeschlusses bei Gericht anstreben, durch den ihm die gleiche sorgerechtliche Stellung wie dem Vater eines ehelichen Kindes eingeräumt wird[…]. Die Genehmigung hängt davon ab, wieweit hat der Vater Interesse für das Kind gezeigt, wie eng ist die bestehende Beziehung des Vaters zum Kind und welche Gründe haben den Vater zu einer Antragstellung bewogen.

- Der dritte Fall des väterlichen Sorgerechts betrifft ausschließlich die Zeit nach dem Tod der Mutter. Der Vater kann nach dem Tod der Mutter die Vormundschaft über das Kind beantragen, wobei auch die Mutter selbst bereits zu Lebzeiten den Vater für diesen Zeitpunkt zum Vormund ernennen kann[…]." [20]

Abgesehen von den drei Möglichkeiten bleibt es dem Vater auch unbenommen, Anträge nach Section 8 Children Act bei Gericht einzubringen und dadurch gewisse Teile des Sorgerechts zu erlangen.

c) Sorgerecht nach Trennung

„Solange die Eltern keine gerichtlichen Anordnung nach Section 8 Childrean Act beantragen, bleibt das Sorgerecht wie bei aufrechter Lebensgemeinschaft bestehen. Die Trennung der

---

[19] Vgl. Menne 1995:202
[20] Vgl. Menne 1995: 203

Eltern bewirkt keine automatische gerichtliche Überprüfung des Sorgerechts und hat somit auf das Sorgerecht überhaupt keinen Einfluss."[21]

4. „Section 8 Orders"

Der Children Act kennt vier Anordnungen nach Section 8 Children Act, die das Sorgerecht in einem bestimmten Umfang einschränken: „Die Regelung des Aufenthalts des Kindes (residence order), des Umgangrechts (contact order), bestimmter Einzelfragen der elterlichen Verantwortung (specific issue order) und schließlich die Bindung einzelner Handlungen an eine gerichtliche Genehmigung(prohibitet steps order). Anordnungen nach Children Act können sowohl während bestehender Ehe und aufrechter Lebensgemeinschaft sowie auch bei Scheidung und Trennung entweder auf Auftrag oder von Amts wegen erlassen werden. Am zahlreichsten werden sie jedoch im Rahmen von Scheidungs- und Trennungsprozessen angestrebt"[22].

„Für die Antragslegitimation werden vier Kategorien unterschieden: Bestimmte Personen können alle vier Beschlüsse beantragen, andere können nur einen Aufenthalts- oder Umgangsbeschluss erreichen. Eine dritte Gruppe muss zuerst vom Gericht ausdrücklich zu einer Antragstellung ermächtigt werden und schließlich werden als vierte Gruppe einige Personen ausdrücklich von einem Antrag ausgeschlossen. Zur ersten Gruppe zählen die Eltern, der Vormund und jede Person, zu deren Gunsten ein Aufenthaltsbeschluss besteht. Lediglich einen Aufenthalts- oder einen Umgangsbeschluss können folgende Personen beantragen: Ehegatten der Eltern des Kindes während oder auch nach der Ehe; Personen , mit denen das Kind mindestens drei Jahre zusammengelebt hat; sowie jeder, der die Zustimmung aller aufenthaltsberechtigten oder aller sorgeberechtigten Personen vorweisen kann. Das Kind selbst und alle Übrigen müssen sich zuerst um die Zulassung des Antrages durch das Gericht bemühen. Die Antragsbefugnis des Kindes hängt davon ab, ob es über die erforderliche Reife verfügt. Ausgeschlossen von der Antragstellung sind staatliche Behörden oder Einrichtungen."[23]

4.1. Aufenthaltsbeschluss („residence order")

Der Aufenthaltsbeschluss legt fest, bei wem und unter welchen Bedingungen ein Kind leben soll. Traditionell gesehen ist die Frage des Wohnsitzes bei einer Scheidung heftig umstritten. „Im Jahr 1996 ergingen ca. 27 600 Beschlüsse über den Aufenthalt von Kindern".

---

[21] Menne 1995: 204
[22] Menne 1995 :205
[23] Menne 1995 :206

Wird der Aufenthalt des Kindes nicht bei einem Elternteil, sondern bei einer dritten Person festgelegt, erhält diese Person für die Dauer des Aufenthaltsbeschlusses auch automatisch elterliche Verantwortung. Dadurch soll es ihr ermöglicht werden, die mit dem Aufenthalt verbundenen täglichen Entscheidungen für das Kind zu treffen. Wird der Aufenthalt eines Kindes jedoch beim nicht sorgeberechtigten Vater festgelegt, muss das Gericht ihm ausdrücklich die elterliche Verantwortung mittels eines Sorgerechtbeschlusses übertragen. Dies hat für ihn den Vorteil, dass er auch noch nach Wegfall des Aufenthaltsbeschlusses sorgeberechtigt bleibt. Ein Aufenthaltsbeschluss kann im Übrigen niemals dazu führen, dass andrer Personen ihre elterliche Verantwortung wieder verlieren.[24]

Aufgrund des Alleinhandlungsrechts kann der Aufenthaltselternteil alle Entscheidungen für das Kind alleine treffen. Für die Änderung des Namens sowie die längerfristige Verlegung des Aufenthalts des Kindes ins Ausland braucht der sorgeberechtigte Elternteil aber die schriftliche Zustimmung aller Personen mit elterlicher Verantwortung. In der Praxis sieht die Situation folgendermaßen aus: „wenn z.B. bei einer Scheidung zugunsten des Vaters ein Aufenthaltsbeschluss erlassen wird, behält die Mutter zwar ihr Sorgerecht, sie kann das Kind jedoch nun mehr in Rahmen eines ihr ausdrücklich eingeräumten Umgangsrechts (contact order) tatsächlich betreuen. Der Vater verfügt mit den bereits genannten Einschränkungen über eine Alleinentscheidungsbefugnis in allen Angelegenheiten, die das Kind betreffen. Die Mutter darf ihre Sorgerechte theoretisch auch ausüben, wenn sich das Kind beim Vater befindet, praktisch wird sie dabei aber ohne seine Mithilfe, auch in Anbetracht der eingeschränkten Informationspflichten, auf Schwierigkeiten stoßen. Hat der Vater eine Entscheidung getroffen, mit der sich die Mutter nicht abfinden will, kann sie mit Hilfe eines Einzelfragenbeschluss „specific issue order" die Korrektur der väterlichen Entscheidung bewirken"[25].

In Ausnahmefällen kann der Aufenthalt des Kindes auch bei mehreren Personen, die nicht zusammenleben, angeordnet werden. Besteht ein gemeinsamer Aufenthaltsbeschluss für beide Eltern, lebt das Kind abwechselnd bei Vater und Mutter. Das Gericht kann hier festlegen, welchen Zeitraum das Kind in welchem Haushalt verbringt. Üblich sind Regelungen, die eine Aufteilung nach Schultagen und Wochenenden vorsehen oder bei denen sich das Kind eine Woche bei einen und eine Woche beim anderen Elternteil befindet.[26]

---

[24] Vgl. Menne 1995: 206f
[25] ebenda: 207
[26] Vgl. Menne 1995: 207

4.2. Umgangsbeschluss („contact order")

Das Umgangrecht ist im Children Act als Anspruch gegen jene Person, bei dem sich das Kind gewöhnlich aufhält, ausgestaltet. In der Regel wird es also ein Elternteil sein, der den Umgang des Kindes mit dem anderen Eltern oder einer bestimmten Person ermöglichen muss. Nach einer Scheidung oder Trennung der Eltern wird ein Umgangsbeschluss immer dann notwendig, wenn der Aufenthalt des Kindes bei einem Elternteil festgelegt wurde, da der nicht Aufenthaltselternteil das Kind nur mehr im Rahmen eines gerichtlich gewährten Umgangsrechtes betreuen kann. Wird ein entsprechender Antrag gestellt, entscheidet das Gericht anhand des Kinderwohls, ob zwingende Gründe gegen ein Umgangrecht sprechen. Die Ablehnung des Kontaktes durch einen Elternteil wird allein keinen ausreichenden Grund für die Verweigerung des Umgangs mit dem anderen Elternteil darstellen. Kommt das Gericht zum Ergebnis, dass sich der Umgang positiv auf das Kind auswirken wird, kann es den Antrag einfach genehmigen und die nähere Ausgestaltung des Umgangsrechts den betroffenen Personen überlassen. In schwierigeren Fällen wird es jedoch genauere Anweisung hinsichtlich des Zeitraumes, der Häufigkeit oder auch des Ortes treffen. Die Eingriffsbefugnis des Gerichts kann bis zur Anordnung eines überwachten Umgangsrechts führen.[27]

4.3. Verbotsbeschluss „Prohibitet steps order"

Mit diesem Beschluss kann das Gericht eine bestimmte Handlung, die im Rahmen der elterlichen Verantwortung liegt, an eine ausdrückliche gerichtliche Genehmigung binden. Kann das angestrebte Ziel auch mit einem Aufenthalts- oder einem Umgangsbeschluss erreicht werden, dann gehen diese Beschlüsse vor und ein „prohibitet steps order" ist unzulässig. Häufig wird mittels dieser Anordnung ein Aufenthaltswechsel des Kindes, der Umgang mit einer bestimmten Person oder auch die Vornahme ärztlicher Heilbehandlungen verboten.[28]

4.4. Einzelfragenbeschluss ("Specific issue order")

Wenn sich zwischen den Eltern oder zwischen anderen Personen eine Streitfrage die direkt mit der elterlichen Verantwortung für ein Kind zusammenhängt ergibt, kann das Gericht zur

---

[27]Vgl. Menne 1995:208
[28]Vgl. Menne 1995:209

Schlichtung dieses einzelnen Punktes einschreiten. Die Entscheidung des Gerichts vermag vielfältig sein. Entweder kann die Lösung der Angelegenheit einem Elternteil allein oder auch einer dritten Person zusprechen, oder es kann selbst inhaltliche Anweisungen geben, indem es die in Frage stehende Handlung verbietet oder nach eigenen Anschauungen vornimmt.[29]

5. Rechte und Pflic hten des nicht sorgeberechtigten Elternteils

Die Mutter bekommt in jedem Fall mit der Geburt des Kindes automatisch das Sorgerecht und dies auch gilt auch für den mit ihr verheirateten Vater. Es stellt sich die Situation des „Elternteils ohne elterliche Verantwortung" grundsätzlich nur beim nicht verheirateten Vater.

Unabhängig vom Sorgerecht ergibt sich bereits aus der Elternschaft die Verpflichtung, für das Kind Unterhalt zu leisten.

„In der Regel wird der Unterhalt durch Naturalleistung erbracht (z.B. durch die Unterbringung des Kindes in familiären heim, die Betreuung oder Verpflegung), ausnahmsweise aber durch Geldleistung, wenn die Eltern nicht zusammenleben. Seit Inkrafttreten des Child Support Act 1991 werden Unterhaltsansprüche des Kindes gegen einen Elternteil, der nicht im gleichen Haushalt wohnt, durch ein eigenes Gesetz geregelt: Dieses sieht unter anderem vor, dass die „Child Support Agency" als neugegründete spezielle Einrichtung für die Verfolgung und Eintreibung der Unterhaltsansprüche gegen des abwesenden Elternteil zuständig ist."[30]

Für den Sonderfall, dass sich ein Kind in staatlicher Pflege befindet, steht dem nicht sorgeberechtigten Vater ein Umgangsrecht zu. Er darf aber auch zu wichtigen Entscheidungen hinsichtlich der Betreuung des Kindes Stellung nehmen. In einigen gerichtlichen Verfahren stehen ihm Antrags- und Teilnahmerechte zu; dazu zählt auch das Recht, Anordnungen nach Section 8 Children Act zu beantragen.

6. Schlussbemerkungen

Mit dem Referat „Entwicklung des Kindschafsrechts" in England wurde die Entwicklung des Kindschaftsrechts in England vorgestellt. Es ist zu bemerken, dass im traditionellen

---

[29] Vgl. Menne 1995:209
[30] Menne 1995:209f

Richterrecht ein nichteheliches Kind keinerlei verwandtschaftliche Beziehungen zu seiner Mutter und seinem Vater besaß. Später im 20 Jahrhundert wurden die Kriterien für die Ehelichkeit von Kindern erweitert, Diskriminierungen wurden beseitigt und die Definition der elterlichen Verantwortung konkretisiert. Mit dem Referat habe ich das Recht der elterlichen Sorge in England in verschiedenen Fällen untersucht: das Sorgerecht für Kinder verheirateter Eltern (während aufrechter Ehe, nach Scheidung und nach Trennung) und für Kinder nicht miteinander verheirateten Elternteile (die Alleinsorge der Mutter, das gemeinsame Sorgerecht und das Sorgerecht nach Trennung). Im Folgenden wurde erklärt nach welchen Befugnissen und anhand welcher Kriterien das Gericht entscheiden kann. Aus dem Children Act, nach „Section 8 orders" konnte man das Sorgerecht in einem bestimmten Umfang einschränken. Dazu gehören: (1) Die Regelung des Aufenthalts des Kindes (residence order), (2) das Umgangrechts (contact order), (3) bestimmte Einzelfragen der elterlichen Verantwortung (specific issue order) und (4) die Bindung einzelner Handlungen an eine gerichtliche Genehmigung(prohibitet steps order). Zum Schluss wurden auch die Rechte und Pflichten des nicht sorgeberechtigten Elternteils gezeigt. Ich hoffe, es ist mir gelungen, die oben genannten Punkte und Themen zu erläutern und elterliche Sorge in England klar vorzustellen.

Literaturverzeichnis

Brauns- Hermann, Christa. Ein Kind hat das Recht auf beide Eltern. Neuwied: Luchterhand (1997), S.205- 214

Ellger, Reinhard. Englisches Kindschaftsrecht unter besonderer Berücksichtigung des Rechts des nichtehelichen Kindes, in: Dopffel,Peter. Kindschaftsrecht im Wandel. Tübingen: Mohr (1995)

Menne, Nikola. Die Rechtsbeziehung zwischen Vater und Kind. Bonn (1995), S.194- 211